著名漫画家 蔡志忠 倾情推荐

☆我的第一本历史知识漫画书☆

历史画中话

纷争动荡南北朝

沈山明 李 冰 编

·学习历史知识 ·培养阅读兴趣 ·拓宽文化视野 ·启迪人生智慧

江西高校出版社
JIANGXI UNIVERSITIES AND COLLEGES PRESS

总书目

远古：神话诞生的时代

盘古开天地　大神女娲　后羿传奇
神农尝百草　炎黄联盟　尧舜禅让

夏商：文明从这里起步

大禹治水　夏启夺位　少康中兴
贤相伊尹　武丁选贤　暴虐的纣

文治武功“画”西周

姜太公钓鱼　武王伐纣　伯夷叔齐
周公辅国　烽火戏诸侯

群雄并起“画”春秋（上）

黄泉相见　周郑交恶　好鹤亡国
管鲍之交　齐桓公争霸　晏婴使楚

群雄并起“画”春秋（中）

曹刿论战　大义灭亲　仁义宋襄公
流亡公子　退避三舍

群雄并起“画”春秋（下）

羊皮换相　牛贩子退兵　放虎归山
一鸣惊人　庄王治楚　伍子胥传奇
吴越恩仇

逐鹿中原“画”战国（上）

三家分晋　完璧归赵　负荆请罪
田单复国　张仪欺楚　屈原投江

逐鹿中原“画”战国（下）

商鞅变法　长平之战　鸡鸣狗盗
毛遂自荐　窃符救赵　娶妻招祸
孙膑斗庞涓

诸子百家，东周风雅（上）

万世师表　关雎　无衣
硕鼠　氓　东山
孟母三迁

诸子百家，东周风雅（下）

老子留书　庄周梦蝶　孙武练兵
墨子救宋　韩非之死　神医扁鹊

盛衰骤变秦帝国（上）

奇货可居　君臣之争　中华始皇帝

盛衰骤变秦帝国（下）

指鹿为马　揭竿起义　巨鹿之战
刘邦起兵　鸿门宴　楚汉之争

西汉：大风起兮云飞扬（上）

刘邦诛韩信　吕后传奇　缇萦救父
执法不阿张释之　七王之乱

西汉：大风起兮云飞扬（中）

飞将军李广　张骞通西域　漠北之战
苏武牧羊　狱中天子　昭君出塞

西汉：大风起兮云飞扬（下）

奇人东方朔　凤求凰　千秋史笔
假面王莽　赤眉起义

东汉：豪强争霸的朝代（上）

光武兴汉　隐士严子陵　投笔从戎
跋扈将军梁冀　党锢之祸　黄巾起义

东汉：豪强争霸的朝代（下）

董卓弄权　武夫吕布　枭雄少年
官渡之战

三国：青梅煮酒论英雄（上）

桃园结义　煮酒论英雄　三顾茅庐
崛起江东　火烧赤壁

三国：青梅煮酒论英雄（中）

威震逍遥津　大意失荆州　兄弟相煎
火烧连营　七擒孟获

三国：青梅煮酒论英雄（下）

徐庶进曹营　忠勇典韦　狂生祢衡
智士程昱　失街亭　星陨五丈原

暗流涌动西东晋

高平陵政变　贾后乱晋　晋明帝除霸
淝水之战

纷争动荡南北朝

刘裕北伐　自毁长城　梁武帝佞佛
助子兴国　女杰冯太后　孝文帝迁都

两晋名士展风流

名士阮籍　书圣王羲之　靖节先生
纵情谢灵运　昭明太子　谯国夫人

兴亡之殇隋王朝

禅代北周　玉树后庭花　独孤皇后
杨广谋位　下江都　瓦岗烟尘
晋阳起兵

巍巍大唐，天朝盛世（上）

秦王李世明　玄武门之变　一代名相魏徵
文成公主　少女媚娘　一代女皇

巍巍大唐，天朝盛世（中）

韦氏乱朝　贵妃杨玉环　魂断马嵬坡
安史之乱

巍巍大唐，天朝盛世（下）

李愬取蔡州　甘露之变　牛李党争
小太宗唐宣宗　黄巢民变

乱世烽火，五代十国

朱温代唐　优伶天子　郭威建周
不倒翁冯道　南唐遗恨　花蕊夫人
海龙王钱镠

屈辱与抗争的大宋王朝（上）

陈桥兵变　杯酒释兵权　烛影斧声
无敌将军杨业　澶渊之盟
传奇宰相寇准　王安石与司马光
奸相蔡京

屈辱与抗争的大宋王朝（下）

靖康之耻　精忠岳飞　贾似道误国
正气文天祥　陆秀夫蹈海

能征善战的辽夏金

阿保机兴辽　承天萧太后　夏王元昊
阿骨打建国　海上之盟　枭雄海陵王

马背上的大元帝国

成吉思汗　贤相耶律楚材
长子西征　马可·波罗

内忧外患明王朝（上）

草莽皇帝朱元璋　胡惟庸党案
靖难之变　郑和下西洋

内忧外患明王朝（中）

土木堡之变　南宫复辟　首辅张居正
奸相严嵩　赫赫九千岁

内忧外患明王朝（下）

明宫三大案　闯王李自成
吴三桂与陈圆圆　袁崇焕之死

唐宋元明，文化的盛筵（上）

诗仙李白　诗圣杜甫
平民诗人白居易　韩愈谏迎佛骨
玄奘西游　鉴真东渡　六祖惠能

目录
CONTENTS

划江而治的南北朝

历史就是这样，合久必分，分久必合。你看，刚刚一统的西晋王朝，没多久又分裂成了一个南北对峙的南北朝。这正应了曹雪芹的一句话：“乱哄哄，你方唱罢我登场……”

南朝

南朝，是公元420年至589年间定都于建康（今南京）的宋、齐、梁、陈四个朝代的总称。短短一百六十九年间，就相继出现了四个朝代，其中持续时间最长的刘宋不过五十九年，最短的萧齐仅存在二十三年就灭亡了。如果把它们放在历史的长河中，用昙花一现来形容，是再贴切不过的了。

宋（公元420年—公元479年），开国皇帝刘裕。这个刘裕，虽然是平民出身，但手段毒辣。公元420年，他废掉了晋恭帝，自立为皇帝，是为宋武帝，定国号为宋，史学家称之为“刘宋”。公元479年，南朝宋将军萧道成取代刘宋，建立了齐朝。

齐（公元479年—公元502年），史称南齐或萧齐，它是南朝四个朝代中寿命最短的一个朝代，仅存二十三年，这是什么原因呢？齐高帝萧道成吸取刘宋灭亡的教训，治国理政以宽厚为本，在位四年，国泰民安。东昏侯萧宝卷当上皇帝后，大开杀戒。公元501年，雍州刺史萧衍起兵攻入建康，废掉萧宝卷，另立齐和帝萧宝融；不久，萧衍又废掉齐和帝，自立为皇帝，结束了齐的统治 。

梁（公元502年—公元557年），开国皇帝萧衍，史称梁武帝，国号梁，因皇室姓萧，又称萧梁。梁武帝共在位四十八年，是南朝在位最久的皇帝。公元551年，侯景杀死了简文帝，引起了全国上下的愤怒。公元557年，在讨伐侯景的战争中发迹的陈霸先灭掉了萧梁，建立陈朝。

陈（公元557年—公元589年），史称南陈，公元557年，陈霸先废梁敬帝，自立为帝，建立陈朝，是为陈武帝。陈朝也是一个短命的王朝，虽然陈武帝与他的继承者文帝、宣帝先后消灭了王僧辩、王僧智等反对势力，又在建康附近打败了北齐军，但毕竟国力衰微。公元589年，隋文帝杨坚派晋王杨广挥师南下，一举灭陈。从此我国南方地区才结束了自东晋以来的分裂局面。

北朝

北朝，是我国南北朝时期存在于北方的北魏、东魏、西魏、北齐和北周五个朝代的总称。北朝又是如何一路走过来的呢?

北魏（公元386年—公元534年），由鲜卑拓跋部所建，又称元魏。东晋咸康四年（公元338年），鲜卑拓跋部首领什翼犍自称代王，建立代国，定都盛乐（今内蒙古和林格尔一带）。公元386年，什翼犍的孙子拓跋珪继承代王，改国号为魏，史称北魏。经过几十年的沙场征战，北魏先后消灭了后燕、后秦、大夏、北凉、西秦、北燕等北方的割据势力，统一了北方。

北魏永熙三年（公元534年），孝武帝元修为了摆脱权臣高欢的控制，从洛阳逃到了长安，投靠北魏将领匈奴人宇文泰。次年，宇文泰杀孝武帝，立元宝炬为帝，史称西魏（公元535年—公元556年）。公元556年，北魏将领宇文护逼迫魏恭帝禅位给宇文觉，西魏灭亡。

东魏（公元534年—公元550年），是从北魏分裂出来的割据政权，建都邺城（今河北临漳县）。公元534年，北魏孝武帝元修逃往关中后，权臣高欢拥立年仅十一岁的北魏孝文帝的曾孙元善见为帝，即东魏孝静帝，东魏建立。公元550年，做了十六年傀儡的孝静帝禅位于高欢之子高洋，东魏灭亡。

公元550年，东魏权臣高欢次子高洋逼迫东魏孝静帝禅位后，遂登基称帝，改国号为齐，史称北齐（公元550年—公元577年），建都邺城（今河北省临漳县）。历经文宣帝高洋、废帝高殷、孝昭帝高演、武成帝高湛、后主高纬、幼主高恒六帝后，北齐于公元577年被宿敌北周攻灭。

说到北周（公元557年—公元581年），自然离不开西魏权臣宇文泰，他可是北周的奠基者啊！不过，北周的建立，还是由他的儿子宇文觉完成的。北周历五帝，共二十四年。公元581年，杨坚受禅代周称帝，改国号为隋，北周亡。

刘裕北伐

晋安帝义熙年间，北方的后秦、北魏两国逐渐强大，后秦更常常骚扰东晋边境。东晋大都督刘裕欲立功以威服天下，于是，趁后秦皇帝姚兴刚死、内部纷争加剧之机统兵伐秦。晋军杖金戈，纵铁马，气吞万里，一举收复洛阳、长安。而功业日盛的刘裕，此时也加紧了代晋自立的步伐。

东晋孝武帝太元年间：公元 376 年至 396 年。京口：今江苏镇江。

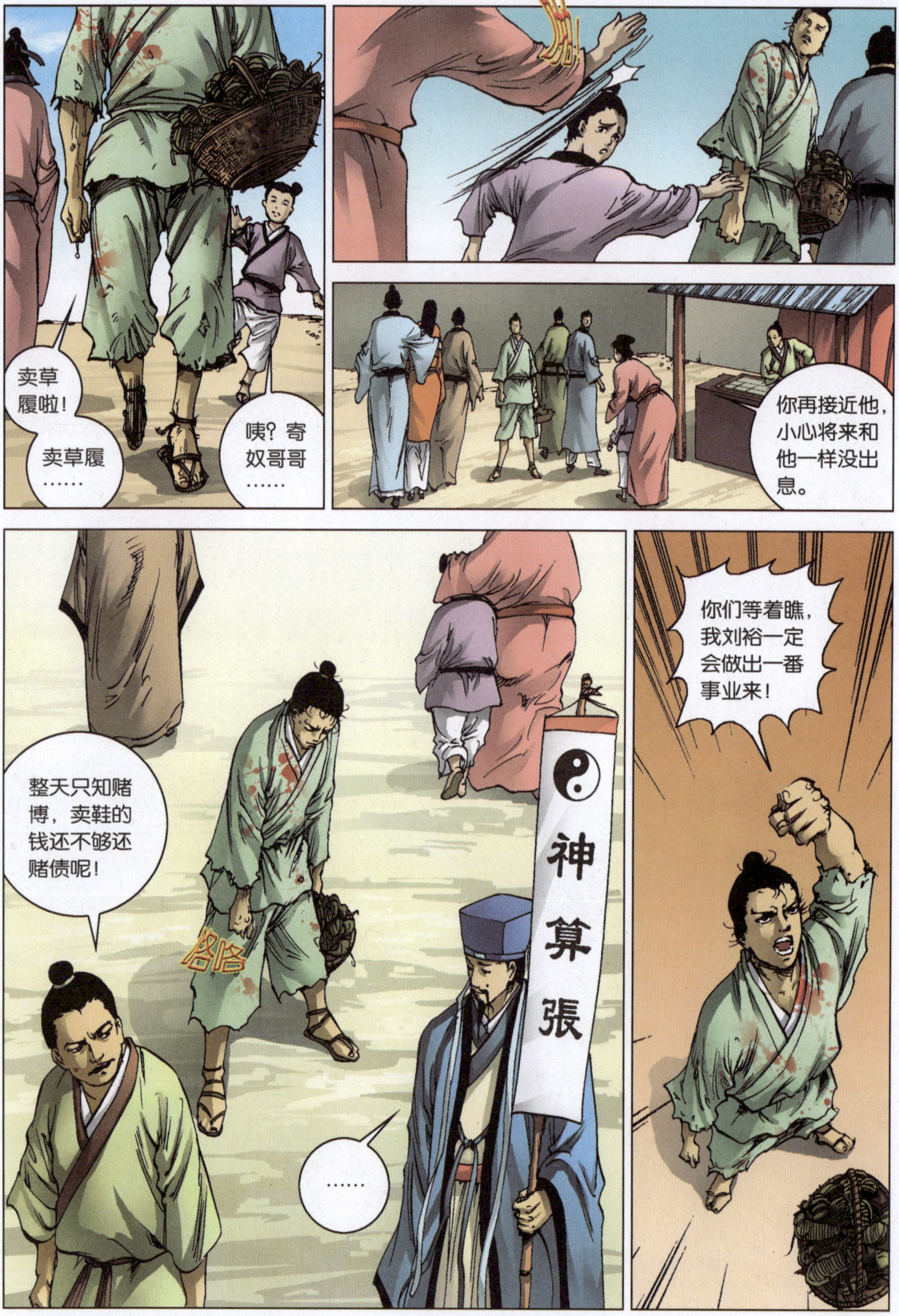

草履:用草编制的鞋子。寄奴:刘裕的小名,由此可见其出身寒微。

建康：今江苏省南京市。中外大都督：又称“都督中外诸军事”，当时东晋中外诸军的最高统帅，拥有强大的政治和军事势力。

寒人掌权：东晋是门阀士族当道的时代，所有未取得士族称号的旧豪族、新地主、富商都是庶族寒人，他们没有特权，只能靠自己的努力取得成功。刘裕正是出身寒人，因而有此一说。

尚书左仆射：官名。秦代至南朝梁，尚书台或尚书省的长官称左（右）仆射。魏晋以后的尚书台已经发展成为总理全国行政事务的机构，其长官地位颇高。

九锡：古代天子赐给诸侯、大臣的九种器物或待遇，是皇帝给臣子的最高礼遇。

皇上
有旨：
封刘裕为
宋公，加
九锡……
刘裕
接旨！
臣刘裕，
不敢领旨。
臣功德微薄，
这个封赏，
断断不敢接
受！
此时只是刚
刚收复洛阳，
北伐尚未结
束。
什么？
大都督
又辞九
锡不受？
难道他是
在试探朕
……
莫非是欲
擒故纵？
大都督此
举究竟是
何用意？
听说大都督
就是推辞不
受九锡，为
什么啊？
这还用问，
大都督品格
高尚嘛。
呵呵，真是
一团奇妙的
迷雾啊。

大都督，不好了……
嗯？
慌慌张张的，出了什么事？
大都督，你看岸上！
魏国的骑兵！
据说有十万之众。
一定是魏国国主拓跋嗣害怕我军顺道攻魏，派大军在此阻拦。
慌什么？想当初我以几十人胜孙恩贼军数千人。
现在这些魏军，七百人足以对付。
七百人？

却月阵：当时刘裕派一个将军带七百兵士、一百辆兵车登上北岸，沿岸摆开一个半圆形的阵式，两翼紧紧靠着河岸，中间凸出，居中的指挥者用白色羽扇指挥。因为这种布阵形状像月钩，所以名叫“却月阵”。

唰！
刘裕摆的却月阵，创下中国战争史上又一个以少胜多的奇迹。
撤、快撤！
与此同时，振武将军沈田子所率军队在关中也进展顺利。
赢啦！
大都督威武！

青泥：今陕西省西安市蓝田县。

奇怪，将军为何要我们伏在船底？
此时，船舱底层……
晋军有神助，咱们怎能打得过他们？
要不回去禀告将军，赶快撤兵回家好了。
好了，秦兵皆已逃散，传令士卒们立刻弃舟登岸。
后登者斩！
王将军，所有士卒都已登岸。
很好。
快、快！
唰！

船、船漂走了。
啊？！
这里是长安北门，离我们的家乡有万里之遥。
我们的舟船、衣物、粮食都已随流而去。
事到如今，打赢了功成名就，打输了则死无葬身之地。
别无他路，愿各位奋力杀敌，绝处逢生！
是！
冲啊！

刘裕大营
振武将军沈田子回来了！
沈将军辛苦了！
多亏你在前方大败秦军。
王镇恶将军才能顺利进兵，一举收复长安。
哦？
振武将军沈田子
沈将军青泥大捷，打得实在漂亮啊！
大都督过奖了。
还不是托大都督的福。
王镇恶趁我不在，独自攻打长安，分明是想独占功劳。
那就恭喜大都督了。
公元417年八月，晋军攻破长安，后秦灭亡。后秦国主姚泓为保全性命投降刘裕，但最终还是被斩于建康。

这就是未央殿啊！
传令下去，今晚我要在此殿内设宴犒赏众将士！
诸位将军，喝！
收复长安，北伐得胜，王将军要居首功。
来，我敬王将军一杯！
谢大都督！
哼！

两个月后……
大都督，现在关中已攻下，是进军西北的时候了。
我正有此意。
大都督！
建康来人密报：刘穆之大人病逝了！
什么？！
穆之一去，我远在朝廷之外，无法掌控政局。
只怕大权就要旁落他人之手！
可是关中尚未稳定，我一离开，恐怕北伐之功……
会毁于一旦……
义真，你过来。
父亲……

我明日即动身返回建康。
现命刘义真为安西将军，节制诸将，镇守长安。
啊？
竟然……让一个十二岁的小毛孩来节制我们？
王将军，你要好好辅佐他才是。
刘裕啊刘裕，你也太让人寒心了。
枉我为你出生入死，竟然得不到你的信任！
是！
大都督一路顺风！
沈将军，王镇恶功劳太高，小儿恐怕难以制约他。
到时候，就靠你了……
大都督放心。

愚人妄语

一个卖草鞋的小贩，竟然当上了将军，在常人看来，真是匪夷所思，但事实就是这样。刘裕的成功人生说明了什么？做人不可自暴自弃，要有志和有为。俗话说：“志当存高远。”目标远大了，眼界也就会开阔，如果再一步一步地朝着目标去努力，即使达不到目标的高度，也不会差到哪儿去。

谈天说地

六朝古都建康城

建康，六朝古都。东吴、东晋、宋、齐、梁、陈的统治者，各路英雄豪杰先后在这里运筹帷幄，坐镇天下。这样一个偏隅江南的城池，为什么能让古人如此青睐呢？话得从三国时期说起。

建安十三年（公元 208 年），诸葛亮出使江东，一到建康，就被这东南形胜吸引住了。他对孙权说：“秣陵（建康）地形，钟山龙蟠，石头虎踞，此帝王之宅。”孙权一听，乐得合不拢嘴，当机立断，建都秣陵，并改名叫建业。

这座古城，东傍钟山，南枕秦淮，西倚大江，北临后湖（玄武湖）。城建好后，孙叔又设置了建康、秣陵二县，城区范围扩展为东西南北各四十里。中心是宫城（台城），北面是白石垒（白下）、宣武城和南琅邪郡城，西面是石头城，西南是冶城和西州城，东南是东府城，南面是丹阳郡城。东南西北，都有重兵把守，确实是固若金汤啊！

建康城不但地形险要，而且物华天宝，人杰地灵。六朝时期的建康城，是世界上第一个人口超过百万的城市，以建康为代表的南朝文化，与当时西方的古罗马文化，被称为人类古典文明的两大中心，在人类历史上产生了极其深远的影响。

建康城的建筑最突出的是什么呢？是寺庙。唐代诗人杜牧说：“南朝四百八十寺，多少楼台烟雨中。”据史料考证，应该是五百多个，而不止四百八十个。著名的有同泰寺（今鸡鸣寺前身）、瓦官寺、开善寺和石窟寺等。至于南朝为什么会有这么多寺庙，是因为南朝的皇帝大都信佛。

可惜的是，建康城虽然得了天时地利，却少了人和。到了陈朝，隋军一举攻下建康，俘虏了“至今犹唱后庭花”的陈后主。陈朝灭亡后，隋文帝一纸命令，将建康城夷为平地。从此以后的几百年间，就只剩下了“山围故国周遭在，潮打空城寂寞回”的伤感与悲凉。

自毁长城

古来名将虽不少，但像南朝宋的檀道济连画像都被敌兵拿来作为避鬼神符的，大概只有他一人。这样一个如长城般守护着国家的名将，生命却不是终结在战场，而是死在自己人手里……

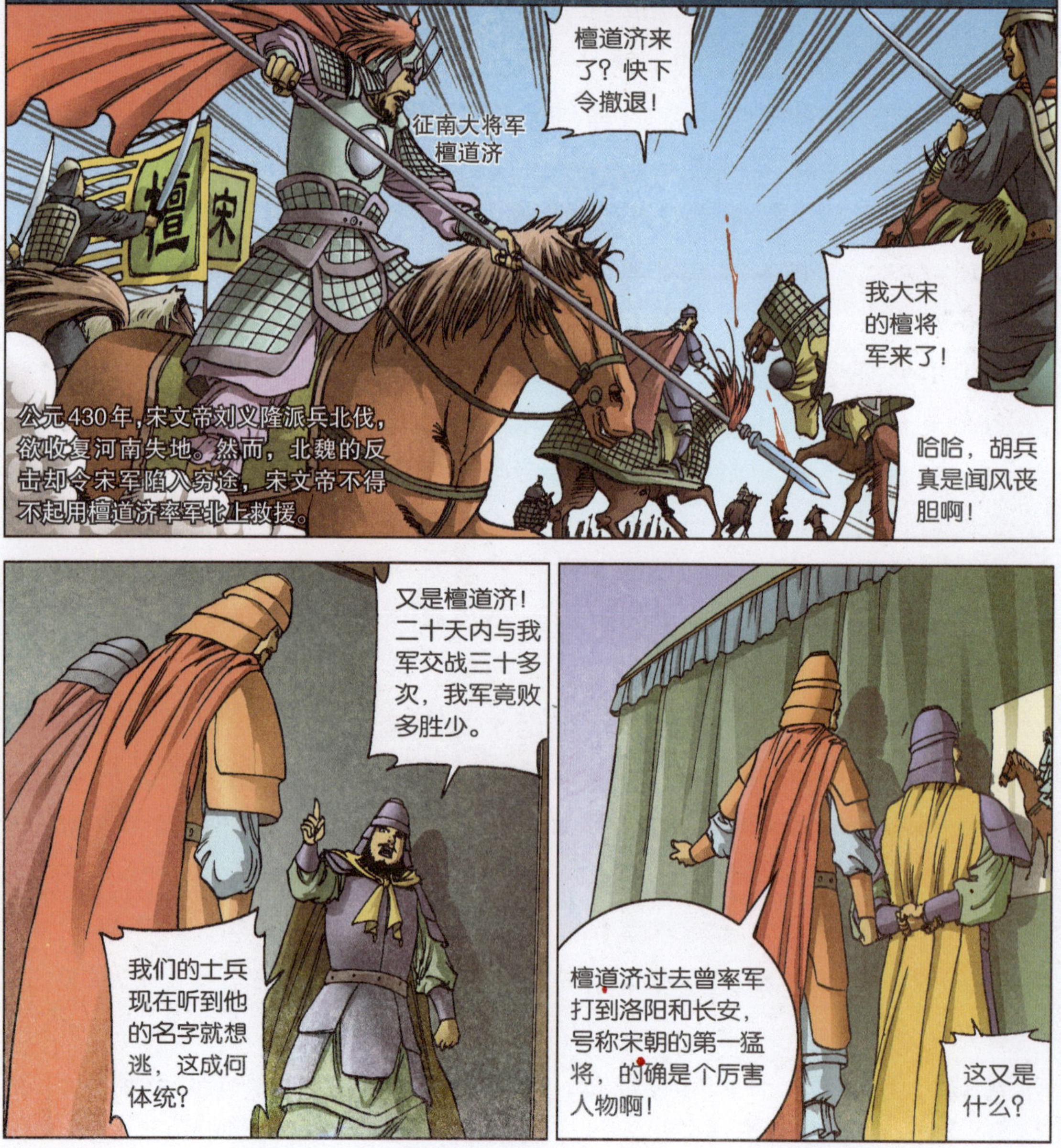

报告将军，这是檀道济的画像，据说可以驱鬼。
别人都贴，所以我也贴了一幅，免得鬼跑来害我。
军中畏惧檀道济，很多人贴他的画像，用来驱鬼。
无稽之谈！
挑一队精锐轻骑绕到他后方，去烧了他的粮草，看他还能有什么作为？
历城
主营的粮草已全被烧光了？
也不是全烧光……刚才清点，还有不到一千石……
粮草是全军命脉，此事关乎军心，谁都不许泄漏。
全军马上从历城退兵。
现在只能赶紧想办法全身而退了。

历城：今山东省济南市。

唱筹量沙：把沙当作米，称量时高呼数量。比喻安定军心，并制造假象来迷惑敌人。出于《南史·檀道济传》：“道济夜唱筹量沙，以所余少米散其上。”

三斗——
一石——
三千一百
石——
上面薄铺一
层大米，其
实下面都是
沙子……
希望将军这
条计策可以
骗过魏军的
探子。
你怎么还
在这儿？
晚了就不
等你了！
好，我
这就来。
宋军还存
有足够的
粮草？
是，我
离开前
亲眼看
到的。

也许檀道济是将计就计，指示士兵来诈降。还是小心为妙。
现在是敌寡我众，暂且保持合围之势，看他如何应对。
魏军好像上当了，一直按兵不动。
趁他们还犹疑不定的时候赶快撤兵，可不能给他们猜出端倪。
翌日
将军，宋兵开始南撤了！
那是……檀道济？
怎么没有穿戎装？！
这是耍的什么花招？
檀道济故意摆出不设防的姿态，好像在引诱我们去攻击。
此人用兵一向诡诈，说不定设有埋伏，就等着我们上套吧？
好个檀道济，想引我上钩？没那么容易！

司空：官名，晋代时极为显赫，但后来往往只是权臣的加衔。领军：官名，曹操任丞相时始置此官，为相府属官，与“护军”共同统帅近卫部队。

寻阳：今江西省九江市西南。

鹧鸟：鹧鸪，又叫巧妇鸟，俗称黄脰鸟。嘴尖，全身灰色，有黑色、褐色细斑。本文“鹧鸟”一说取自《南史·卷十五》，但根据《清类稗钞》记载，鹧鸪鸟的鸣声才是如“行不得也哥哥”。

陛下有诏：檀道济结党营私，密谋造反，命收押廷尉审讯。
抓住他！
什么？！
杀我？你们这真是在自毁长城啊！
斩！
快逃命啊——
地震了！
可怜白浮鸠，枉杀檀江州。

李广：西汉名将，在抗击匈奴的作战中表现英勇。汉武帝时曾被匈奴所俘，却夺敌马匹，杀回汉营，从而赢得“飞将军”称号。

愚人妄语

古今多少事，尽在不言中。檀道济死了，他和历史上许许多多屈死的英雄一样，不是战死在沙场，而是死在自己的人手中。为什么？君，担心他功高盖主；臣，因一己名利而妒火中烧。让人不解的是，国家快灭了，民族快亡了，那些朝中大臣们为什么还放不下一己私欲去做那些违背天理良心的事情呢？是啊，世上很多事情并非时势使然，实乃人心作祟啊！

谈天说地

陶渊明与檀道济

陶渊明和檀道济，一个拿笔的，一个拿刀的，一文一武，怎么会扯上关系呢？

据史料记载，陶渊明在彭泽当了八十多天县令，由于“不为五斗米而折腰”而解甲归田，在江州过起了“采菊东篱下，悠然见南山”的隐居生活。你想想，一个不辨菽麦的文弱书生，怎么能扶犁掌耙，养家糊口呢？到了晚年，他甚至沦落到了“饥则扣门以乞食”的地步。就在陶渊明七十六岁时，檀道济正担任江州刺史，他听说陶渊明病了，家里又穷得揭不开锅盖，饿得起不了床，心中特别挂念。于是，檀道济在公务之余，专门打了几斤好酒，买了不少美食，亲自去看望陶渊明。

这不去不打紧，一去却让檀道济惊呆了。一个才华横溢的诗人，竟然住在这样一个破落的院落——年久失修的茅屋，摇摇欲坠的木床。看着眼前这位面黄肌瘦风烛残年的老人，他不禁潸然泪下……

“您啊您……”檀道济顿了顿，“像您这样的贤达，又逢文明盛世，为什么不出道为官呢？您看您现在，过的什么日子啊？”

陶渊明从床上坐了起来，看了看檀道济，有些感动，但脸色又突然沉了下来，一字一顿地说：“我何德何能，只不过是乡间一村夫罢了，哪敢指望出道为官？再说，您堂堂一个江州刺史，提着美味佳肴来看我，我实在是领受不起啊，还望您……”陶渊明说到这里，指了指檀道济带来的礼物，言外之意是：您还是把这些礼物拿回去吧，无论如何，我是不会接受礼物的！

檀道济看着病怏怏的陶渊明，又看了看手中的礼物，心中更是感慨万千。贫困到了如此地步，骨头还是那么硬，多么令人尊敬的一位老人啊！

一位是战功赫赫的武将，一位是满腹经纶的文人，顿时，一种惺惺相惜的友谊在他们之间得到了升华。

十二年后，也就是元嘉十三年（公元436年），老天开了个玩笑。自认为处在“文明盛世”且为国兢兢业业奋勇杀敌的檀道济，忘记了“伴君如伴虎”的古训，惨死在宋文帝的屠刀之下。他去世时，恰好是陶渊明死后的第十年。

檀道济死后被安葬在彭泽县的一座山岗上。檀道济能在陶渊明曾经做了八十多天县令的土地上入土为安，回归山林，这是一种历史巧合，还是两人心有灵犀？

梁武帝佞佛

南北朝时期，佛教渐渐盛行起来，梁武帝在登基后不久便改信佛教。起初，梁武帝励精图治，政绩斐然，但是，当他沉迷于佛事之后，一切都变了……

……
你问的我也不懂。我和你一样，因为穷才来的。
这大概就是师父说的因果报应吧……
呜呜——
高僧宝志
……
梁武帝萧衍
佛祖在上，弟子萧衍数十年来一直诚心向佛，不敢有丝毫懈怠。
弟子愿把弟子拥有的一切都敬献给您。
哈哈……让老家伙自己吃斋念佛去吧！他那套顶个屁用啊！
梁武帝之侄萧正德
哎，他那几句怎么说来着？
奴才给您学学。

《南史》记，萧正德喜聚集亡命之徒，黄昏时在街道上杀人，称之为“打稽”。

舍身：本指在寺院做奴仆，而本文中梁武帝舍身的行为是一种布施僧众、供养三宝、讲经弘法的举动。

从今以后，朕要一心侍奉佛祖，再也不理那些凡尘俗事了！
刺眼！
好刺眼！
果然是皇帝菩萨啊！怎么办？
唉——
不如，问问方丈吧？
阿弥陀佛，陛下已经舍身佛门，怎可无故毁约？
不太懂……
就是要钱啦！笨蛋！
啊？
出家人四大皆空，方丈何必如此执着呢？难道说，佛祖也贪财不成？
施主怎么可以在佛祖面前说出这样大不敬的话？罪过罪过啊！
又来了！比上回更刺眼……

《南史》记，梁武帝曾于527年、529年、546年、547年先后四次舍身同泰寺（即今天的南京鸡鸣寺）。

“打稽”啦！
哈哈哈！快跑啊！猎物们！
给我杀！
救命！
过来！
啊—
这就是皇上向佛祖日夜祈求来的庇护吗？
佛祖，如果你真能显灵，睁开眼看看这个世界吧！

牧守：汉代州长官称为州牧，郡长官称为郡守，牧守即州牧与郡守的合称，指封疆大吏。司徒：官名，春秋时职掌国家土地和教化民众，官司籍田，负责征发徒役。

嗯！
陛下仁德，泽被天下！
不愧是皇帝菩萨啊！
皇帝菩萨万岁！
不久，侯景叛梁，做内应的就是梁武帝宠信的萧正德。梁武帝被围困在台城。
杀啊！
……
由于粮食匮乏、人心涣散，梁武帝只能自己煮鸡蛋吃。
最后一个了。
啊！朕的鸡蛋！
啪！

佛祖是在考验朕，没错！朕这么虔诚，佛祖一定不会抛弃朕的。
他是在考验朕……他一定是在考验朕啊……
喂！老兄，皇上说佛祖会保佑我们，你信吗？
呸！我早就不信这一套了！
不管信不信，咱们说不定马上就要见到佛祖了。我要是见到他，一定要跟他说，
就算有来生，也别让我再到这个世上来了。

方丈，外面战况非常惨烈，我们怎么办啊?
安心念经！佛祖会保佑我们的。阿弥陀佛——
反正仗又不会打到寺院来。
我佛慈悲，
普度众生。

愚人妄语

“朕究竟做错了什么？”梁武帝跪倒在达摩祖师爷的脚下反复自问。也许一直到死，他都不会明白，对佛顶礼膜拜了四十多年，佛为什么还是不肯赐福与他呢？说穿了，他并没有真正参透佛的真义：佛无定向，一切都在心中。功德岂是跪拜祈求就能得到的？假如梁武帝能做到心中有佛，再用实际行动去造福苍生，自然也就会得到佛的光顾与青睐。

谈天说地

南无阿弥陀佛

走进寺庙，一眼看到的是和尚们一边敲着木鱼，一边念着“南无阿弥陀佛”。那么，南无阿弥陀佛是什么意思呢？

“南无阿弥陀佛”是梵语的音译，它由“南无”“阿弥陀”和“佛”三个词组成。

“南无”是“归命”“信受”的意思，换一句话说，就是疑心消除，完全归顺、信受阿弥陀佛的救度。“阿弥陀”是“无量”的意思，也就是说，“阿弥陀”有无限量的功德和无限量的能力，又有无限量的寿命和无限量的光明。所以，阿弥陀佛又叫“无量寿佛”或“无量光佛”。“佛”是“觉者”的意思，“佛”既能使自己觉悟，又能使他人觉悟。

阿弥陀佛的特点归纳起来有两点：时间上，阿弥陀佛的寿命无穷无尽，没有限量，他能救度任何时代的众生；空间上，阿弥陀佛的光明无边无量，他能照遍宇宙中任何一个地方，能救度任何地方的芸芸众生。

那么，阿弥陀佛是如何救度众生的呢？一是没有架子，主动而来，不需要众生的请求和拜托；二是平等相待，无论贵贱，无论贫富，无论出家在家，无论善人恶人，一律平等善待；三是无条件，任何人只要信受阿弥陀佛的救度，诚心诚意称颂阿弥陀佛的名号，愿生弥陀净土，就能通往极乐世界。

说到这里，也许你会问：“南无”“阿弥陀”和“佛”三个词为什么会放在一起呢？细细推敲不难发现，“南无”是众生皈依阿弥陀佛的信受，因为众生特别想得到佛的救度；“阿弥陀佛”是佛救度众生的力量，只有他，才有能力救度众生。一个要救度，一个有能力救度，于是他们就走到了一起。这个时候，绝对信受阿弥陀佛的救度而忆佛念佛的人，他的生命就与阿弥陀佛的生命牢牢地结合在一起了，就已经与佛同在了。这样的众生，拥有至高无上的功德，能受到十方诸佛菩萨的保护，能逢凶化吉，消灾免难，增福延寿，死后也就能进入极乐世界。

助子兴国

一场血腥的内乱后，代国太子妃贺氏在一夜之间变成了朝不保夕的亡命者，不得不带着幼子拓跋珪东奔西逃。一路上，她以最坚韧的母爱为儿子挡住了所有的灾难。在贺氏的辅佐下，拓跋珪开创了中国历史上赫赫有名的少数民族国家——北魏。

代国：公元 338 年，由拓跋部建立的国家，后来被前秦苻坚所灭。

遗腹子：指在父亲死后才生出的孩子。寔：音同“市”。

《六韬》：中国古代著名兵书之一，也称《太公六韬》，相传为姜太公吕尚所著。全书由《文韬》《武韬》《龙韬》《虎韬》《豹韬》《犬韬》六部分组成。

高车：北朝人对漠北一部分游牧部落的泛称，由于这些民族所驾乘的车子车轮特别高大，而得此名，南朝人称其为“丁零”，漠北人又称其为“敕勒”，都是在不同历史时期对操突厥语的民族的统称。

母亲，他们快追来了！
苍天啊，我贺岚从未抱怨过命运的不公，现在只有你能帮助我了！
请指示我们道路，不要让代国的子嗣在这里灭绝呀！
远方是……什么光？
是贺兰山，向着天光，一直往前走。
真有神明扶助，车轮崩裂后竟安然走了这么远，前面就是贺兰部的营地了。
是姐姐，大哥，是姐姐回来啦！
贺兰族首领贺讷
大哥……
母亲！
岚儿！

如今代国被一分为二，刘库仁和刘卫辰分别统领东、西，你和珪儿有何打算？
独孤部的刘库仁大人是个正直的人，我想带珪儿去投靠他。
贺氏之弟
贺染干
也好，珪儿毕竟是拓跋家的正统血脉。
不过你是贺兰的女儿，任何时候需要庇护，就回贺兰部来。
是，多谢大哥。
贺氏和拓跋珪在刘库仁的独孤部度过了十年安定的生活。
独孤部
刘库仁
拓跋珪是你们的小主人，将来必能兴复我代国，你们要谨慎对待他们，不可怠慢。
然而平静的表面下，隐藏着汹涌的暗流。
刘库仁之子
刘显
是！
这小子真是碍眼。
时光一如往常地飞逝，代国大地上的动乱也同样未曾平息。刘库仁死后，其弟弟刘头眷继任为首领，后刘库仁的儿子刘显又杀了刘头眷自立。

你说的是真的吗？
我亲耳听见刘显和我家亢坙商量说要杀珪儿的。
刘显一直嫉恨珪儿，现在他当了头儿，恐怕发难也是迟早的事。
刘亢坙之妻
母亲，梁六眷大人刚才来提醒我小心刘显的刺客，发生什么事了吗？
珪儿，此地不能久留了，我今晚请刘显饮酒拖住他，你趁夜逃回贺兰部去。
要走，母亲也得一起走，刘显为人阴毒，留下母亲太危险了。
他要杀的是拓跋家的血脉，不会为难我的。
你肩负复国重任，此时不可为私情误了大局！知道吗？
母亲，千万要保重啊……
显儿大驾光临，真让寒舍蓬荜生辉呀，阿岚敬显儿一杯。
好、好，阿岚太客气了。
怎么不见小珪？

刘亢坙：刘显的弟弟。

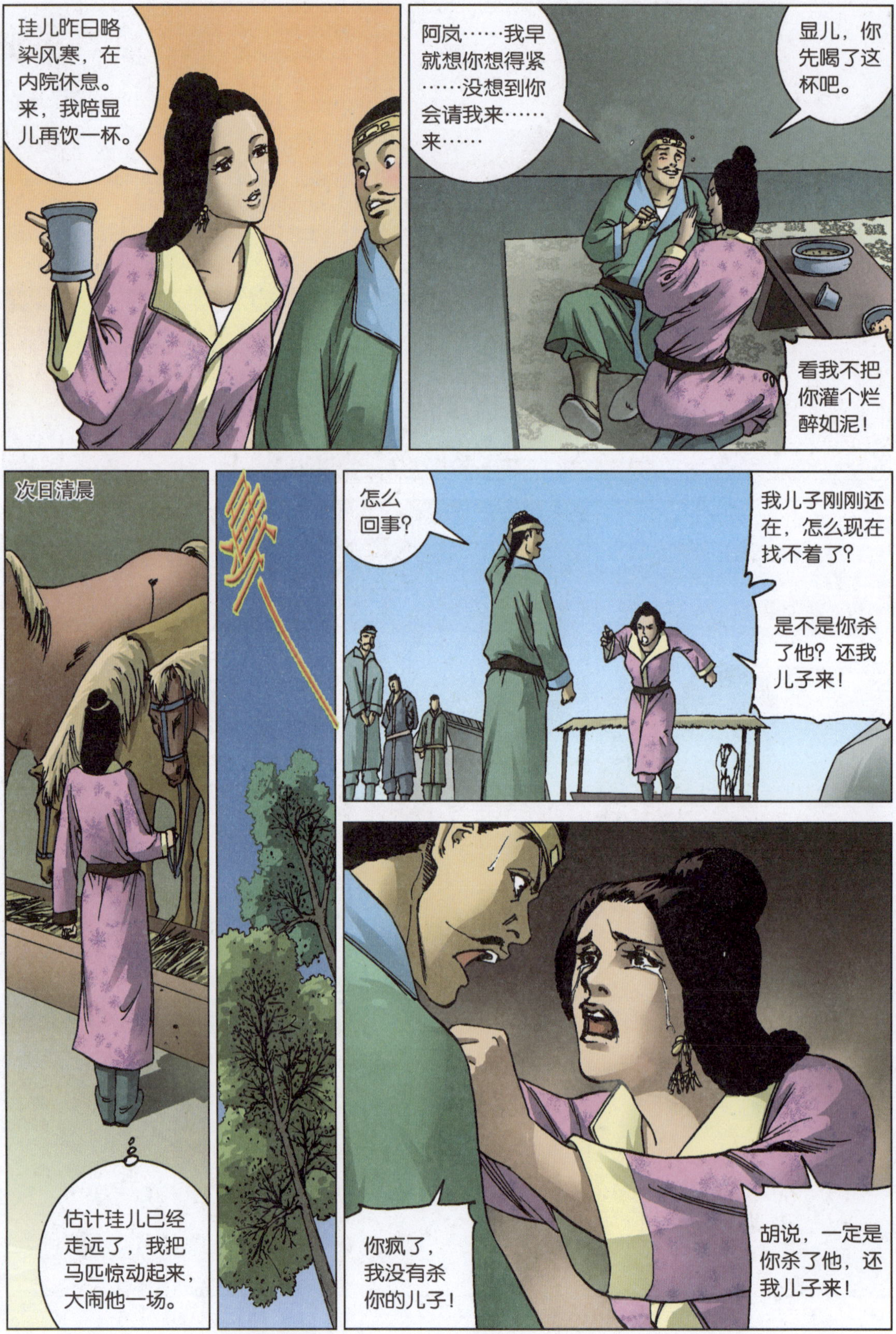
珪儿昨日略染风寒，在内院休息。来，我陪显儿再饮一杯。
阿岚……我早就想你想得紧……没想到你会请我来……来……
显儿，你先喝了这杯吧。
看我不把你灌个烂醉如泥！
次日清晨
估计珪儿已经走远了，我把马匹惊动起来，大闹他一场。
怎么回事？
我儿子刚刚还在，怎么现在找不着了？
是不是你杀了他？还我儿子来！
你疯了，我没有杀你的儿子！
胡说，一定是你杀了他，还我儿子来！

大人，怎么办？要追吗？
混蛋，你想闹得尽人皆知是我杀了拓跋珪吗？
十年不见，珪儿已经长得一表人才了！你若是兴复代国，可别忘了我们这些老臣哦！
贺兰部
果真像舅舅您所说，我可不敢忘记！
不就是个毛头小子，怎么这么多部落大人前来投奔他？偏偏大哥又这么护着他。
这小子会是您将来一统草原最大的障碍，
您还是趁早杀了他，以除后患。
但是就怕大哥他……
等讷大人回来，木已成舟，你们毕竟是亲兄弟，他不会为了一个外姓人怪罪大人的。
好，只要时机成熟我就下手。
大人，外朝大人贺悦也率领部众投奔拓跋珪去了。
哼，都怪那个女人当初放了他！
亢逕，贺岚一定在你这里，把她交出来，我要杀了她！

贺氏身为母亲，保护自己的孩子也是人之常情，事已至此，哥哥就宽恕她吧。
她设计骗我，让那小子逃脱，还引得各部的大人也纷纷叛逃，绝不能轻恕！
要委屈姐姐躲在这神车中了，我这就和亢埿去向哥哥求情，让他饶恕姐姐。
妹妹，多谢你们了。
在刘亢埿夫妇的请求下，贺氏得以逃过刘显的追杀。不久以后，刘显部发生动乱，贺氏趁乱逃出。
前面发生什么事了？
染干大人率兵把拓跋珪大人包围起来了。
拓跋珪，这是我们贺兰部的地盘，你算什么人？带了这么多兵马来，要造反吗？
你太不把贺兰家的人放在眼里了吧？有种出来！

贺染干欺人太甚！
贺染干恐怕不只是来挑衅那么简单，不要出去！
染干，你这是干什么？！
母亲？
姐姐？
你把我这个亲姐姐当成仇人了？
杀了我的儿子，你打算把我发落到哪去？不如先把我杀了吧！
长姐如母，染干不敢造次。
都跟我回去吧。

牛川：今内蒙古自治区乌兰察布市内的塔布河。

愚人妄语

贺氏留给儿子的财产不是物质财富，而是精神财富，一种面对逆境而百折不挠的精神。亡命途中，贺氏作为母亲，不仅仅为孩子遮风挡雨，还让孩子懂得在风雨途中知难而进。大千世界，有人成功了，也有人一事无成，原因在哪里？就在于有没有百折不挠的精神。说到这里，我们不妨思考一下，当下，我们应该给后代留下什么呢？

谈天说地

鲜卑族

鲜卑族是继匈奴之后在蒙古高原崛起的古代游牧民族，他们的语言属阿尔泰语系蒙古语族。

据史料记载，鲜卑族起源于东胡族。秦汉之际，东胡族被匈奴冒顿单于打败后，分散为两部分：一部分逃到乌桓山，一部分逃到鲜卑山。但鲜卑族人就是有那么一股子倔劲，不服输。他们这次虽然被打败了，但心里念念不忘东山再起的那一天。要崛起，不能没有自己的族名啊，于是，他们分别用自己居住的山名作为族名。从此，乌桓族和鲜卑族的名称就这样流传下来了。

其实，鲜卑族这个民族的发源地是大兴安岭，后来是在匈奴人的逼迫下才迁徙到内蒙古高原的。到了内蒙古高原，鲜卑族人先是夹着尾巴看匈奴人的眼色艰难地生存。没办法的事啊，谁叫势不如人呢？即使到了公元1世纪初，他们也只能依附匈奴族，任凭匈奴人使唤，做匈奴人的帮凶。世事难料，谁知后来匈奴族不争气，王室内部勾心斗角，结果整个部落一分为二——南匈奴和北匈奴。匈奴族一分裂，鲜卑族就起事了。公元85年和公元87年，鲜卑族主动出击匈奴，都取得了全局性的胜利。到了公元91年，受到东汉和南匈奴夹击的北匈奴，在蒙古草原再也无法立足了，被迫逃到中亚地区。鲜卑族也就趁着这个千载难逢的机会，占据了蒙古草原。

鲜卑族建立政权后，部落大都解体，老百姓大多由游牧转向定居，从畜牧转向农业生产。随着封建化程度的加深，他们同其他各民族的融合也就加快了。到了隋唐时期，鲜卑族已经完全融入到了其他民族之中，从此也就逐渐消亡了。

女杰冯太后

她是这样一个女人：用柔弱的肩膀扛下整个国家的重负，用不施粉黛的青春哺育了北魏一代的绚烂色彩。也许，鲜血是最适合她的胭脂。她是冷酷与柔情的综合体，是那个时代最奇特的女人。她就是中兴北魏的女杰——冯太后。

尚书：官名，战国时专门为君主保管文书，后来逐渐分掌国家政务，至魏晋、南北朝时，为三省之一。定州：今河北省定州市。

不、不，
朕……
冯太后
弘儿，乙浑丞相是肱股重臣，他的意见必有道理，
你就照办吧。
哼，不过是个年轻无知的女人罢了，不足为虑。
启禀太后，刀斧手都准备好了。
好，你下去吧！

乙浑，
你以为我真的不敢杀你吗？
大人，宫里来人，说陛下得了急症，
请大人过去商议。
哈哈，真是天助我也！那个女人现在一定慌了手脚。
哼哼，也该我尝尝当皇帝的滋味了。
乙浑不知道，他兴冲冲去迎接的，不是渴望已久的终极权力，而是死亡……
乱臣乙浑昨夜欲进宫行刺陛下，现已被诛。
有心怀不轨者，看此榜样！

臣等定当尽心竭力辅佐皇上！
鞠躬尽瘁，死而后已！
左右我们命运的，恐怕不是这位稚嫩的皇帝，而是他背后那个目光锐利的女人啊！
大臣拓跋丕
太后饶命！饶命啊！
数年后
怎样？李奕？
他们都怕我，因为我是当朝的太后，集所有权力于一身的可怕人物。
你呢？
在你眼中，我是什么样的人呢？
在小人眼中，您是一个女人，真正的女人。
李奕
是吗？
扑啦啦！
滚！都给我滚出去！

真是太无耻了！
身为太后，居然和自己的臣子私通！
太后驾到！
？
儿臣参见母后！
免礼！
听说你不打算追究慕容白曜的谋反罪？
是，因为没有确凿的证据，不能妄杀无辜。
这个人心术不正，正好趁现在杀了，以绝后患。
可是……
不必再说了，就这么办吧！
……

北魏宫廷有“杀母立子”的传统，即赐死太子的生母，以防后宫专权。献文帝被立为太子时，其母依祖例被赐死。

李奕的死，使冯太后与献文帝的关系变得剑拔弩张。献文帝身心俱疲，将皇位禅让给自己年仅五岁的儿子拓跋宏。
但冯太后并不因此而原谅他。翌年，献文帝暴毙于永安殿，年仅二十三岁。除了少数几个人外，没有人知道他真正的死因。
非常有见地！
把这个李冲召进朝来，我要见一见他。
历史不会因某个生命的消逝而驻足叹息，冯太后统治下的繁荣，让人们渐渐忘却了这个短命的帝王。
年轻、英俊、才华横溢……
他不正是我一直在寻找的男人吗？不如，把他召进宫来……
我已经好久没有化过妆了，你知道为什么吗？

呃，臣不知。
刚进宫的时候，我常常趴在窗边向外望，
看见的只有天空和一层层的宫墙，
可是，我想看得更远些。
有人告诉我，女人总是先被脂粉装扮，最后再被脂粉埋没。
可我不甘心，
我不要被脂粉埋没的人生，我要历史牢牢记住我的名字！
拓跋氏虽入主中原多年，但仍不能真正控制这里，
谋反、灾害层出不穷，国家内部还有很多陈规陋习。
而我，要改变这一切！

思皇后：孝文帝的生母，冯太后为保住自己的权势，将其赐死。

他长大后，会怎样对待我呢？像他父亲一样吗？
冯太后疑虑重重，甚至把孝文帝软禁起来，准备废掉他。
这可如何是好？
……
唉——
王公大臣们纷纷赶来为孝文帝求饶，但都被冯太后一一驳回。
李冲，你也是为了皇帝而来吗？
不，臣为太后而来。
哦？
皇上由太后一手栽培，是继承大统的最佳人选，
毫无过错就被废，自然会有人议论纷纷。
臣不愿看见太后一手营建的天下后继无人，
更不愿看见太后祖孙离心，遭人毁谤。
我明白你的意思，
你先退下吧，我会好好考虑的。

吱呀——
皇祖母！
孙儿做错了事，您怎么罚孙儿都行，
可是，请您千万不要不管孙儿……
唉——
这孩子瘦了……
花！
冯太后终于放弃废立的念头，成就了孝文帝的一代功业。但从此，她对宫内的议论管制得更加严厉。直到冯太后死去时，孝文帝还不知道自己的生母是谁。
你没错，是皇祖母错了……
时光无声无息地流逝，终于有一天，冯太后猛然发现自己已经老了，这才开始意识到也许死亡即将来临。

愚人妄语

这是一位傲岸的女性，她的人生信条是“我只用自己来证明自己”。在文成帝拓跋浚驾崩后，她一路走来，诛乙浑，杀慕容，毒死献文帝……实实在在说，虽然手段有点残忍，但北魏在她的治理下，呈现了一派繁华景象，这不能不说是她的功劳。那个时代，冯太后作为一位女性，能有如此担当，实在是女中豪杰。

谈天说地

北魏之都——平城

平城（今山西省大同市），在今天看来，是一座不起眼的城市，可在北魏时期，它可是北魏的都城啊！作为都城，它存在了97年，前后经历了6位皇帝。这期间，平城就一直是我国北方政治、经济、文化的中心，是一座拥有百万人口的北方重镇。

不过这座古都，完完全全是鲜卑人的杰作，作为少数民族建立起来的都城，它又是怎样布局的呢？

据史料记载，平城古都由皇城、京城、郭城三部分组成，北面为皇城，皇城南面是周回10千米的京城，京城之外是周回16千米的郭城。

皇城是这座古都的主要部分，它建在平城的西面，模仿邺城、洛阳和长安的样式，筑亭台，建楼阁，其气势与“覆压三百余里，隔离天日”的阿房宫相比，一点也不逊色。平城四面，浑水环绕。公元399年筑鹿苑时，开渠引进武州川的水注入鹿苑之中，然后又开凿了三条支渠，分别流入宫城内外。整个皇城以太极殿为中心，有西宫、东宫。皇城经90多年的增扩改建，形成了完整的宫殿群落。这样恢弘大气的古都在当时是首屈一指的。

京城呈长方形，东西长1.8千米，南北长3.2千米，周长10千米。京城内由一个个里坊组成，一个里坊俨然一座小城，大城套小城，小城连小城，从规模、格局、功能到管理体系，已经达到了完善的程度。统治阶级对京城为什么要进行这样的布局呢？其目的是让居民划片而居，分类安置。说白了，就是管理起来方便。

平城外郭，周回16千米，位于宫城的南面，由无数个大小不等的“坊”组成。大坊可以容纳四五百户人家，小坊也可以容纳六七十户人家。郭城为方形，边长4千米，周长16千米。郭城内规划了里坊、寺院、市廛、园林等。

孝文帝迁都

鲜卑族拓跋氏建立北魏以来，逐步统一黄河流域，北方出现了民族大融合的趋势。到北魏孝文帝拓跋宏时，北魏的国势达到鼎盛。但因都城平城在地理位置、自然环境等方面制约了北魏的进一步发展，所以孝文帝想要迁都到洛阳，又担心守旧的鲜卑贵族们反对，他该怎么做呢？

平城：今山西省大同市。

少傅：官名，春秋时齐国置此官，为辅佐太子的官；西汉时称为太子少傅。

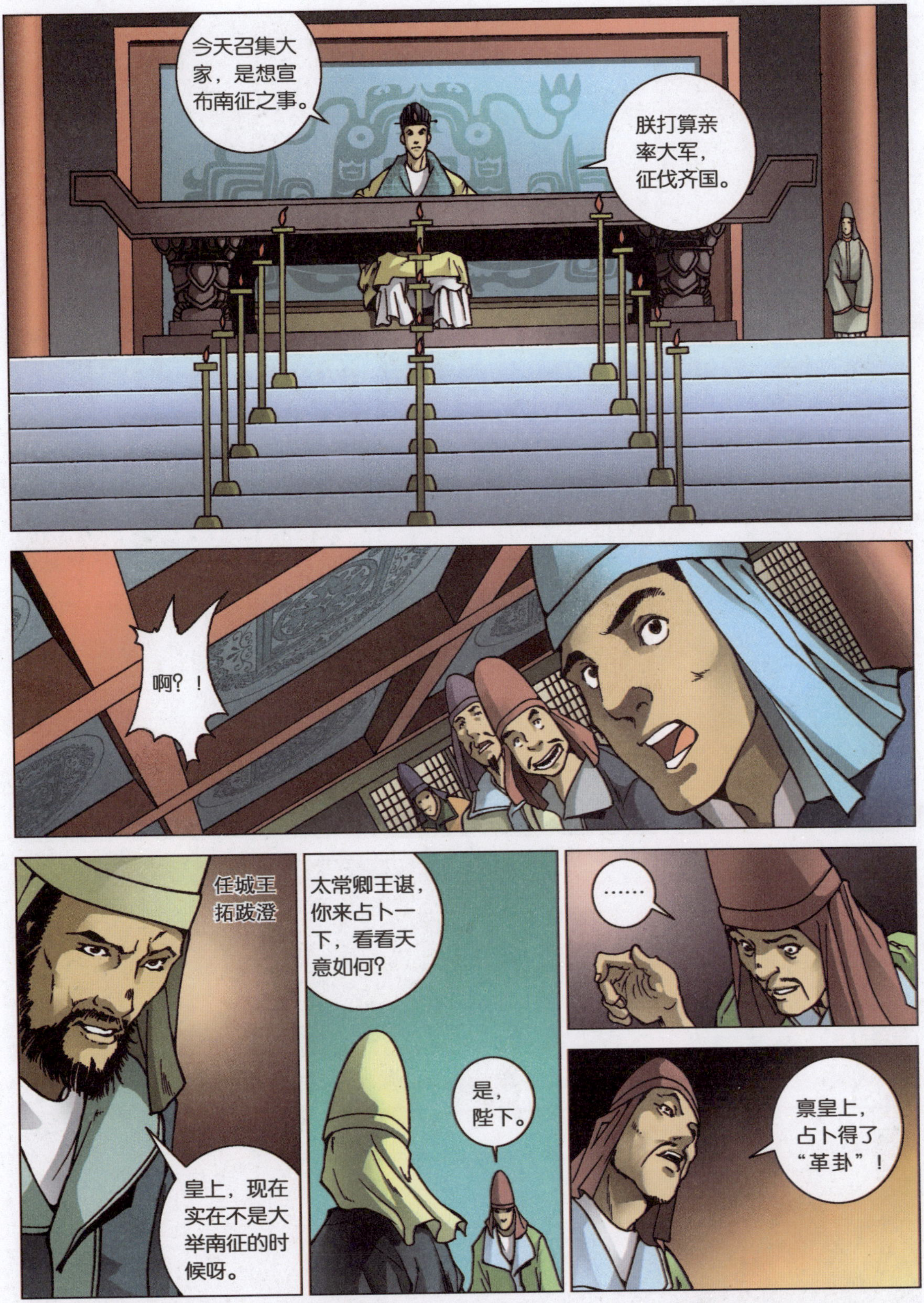

任城王：拓跋澄的封号。太常卿：官名，秦汉时称奉常，掌宗庙礼仪，后更名为太常，其下设有很多属官。北魏时太常仅管礼乐、祭祀诸事，其长官称太常卿。

"汤、武革命，应乎天而顺乎人"，真是大大的吉卦呀！
哈哈！
既然天意如此，南征之事众卿都没有异议了吧？
且慢！
现在的情形和汤、武时不一样，此卦并非完全吉利。
社稷是朕的社稷，任城王想要阻挠朕么？
社稷虽为陛下所有，但我是国家大臣，
怎么可以明知危险而不说出来？
各人谈谈自己的看法，
这也没什么关系。

不过，
朕南征的心意已决！
遵命！
是！
现在就大举攻齐，实在有点不妥。
唉！
皇上这次怎会如此莽撞呢？

任城王，皇上召见。
嗯？！
既然皇上心意已决，为何还要召见老臣？
当时朕怕众议纷纷，阻朕大计，因此声色俱厉，以威吓文武官员。
朕相信，任城王定会明白朕的用心。
恕臣直言，现在就仓促南征，必败无疑！
呵呵，朕想让任城王做一道选择题。

如果南征和迁都洛阳，二者选其一，任城王会选哪个？
迁都？！
平城气候寒冷，经常狂风大作，飞沙漫天，甚至六月还会下雪。
米
無
这些都使得平城粮食产量有限，不足供应所需。

永固陵：文明皇后冯太后的陵墓，在今山西大同北，是南北朝最大的墓葬之一。

前面就
是洛阳？
皇上，雨太大了，我们还是到洛阳城内避避雨再走吧。
也好。
晋室不修功德，宗庙社稷倾于一旦，洛阳荒废成这个样子，朕实在感到痛心。
……
既然来到洛阳，我们就到处看看吧。
呼！终于可以歇歇了。

唉，咱们从离开平城到现在，这雨就一直没停过。一切都潮潮的，真是令人讨厌。
听说往南更加潮湿，咱们在雨季打过去，怎么可能取胜？
传令六军，继续南进！
准备出发！
皇上！
陛下南征，天下人所不愿。
为臣等敢以死谏阻，请陛下勿行！

你们这批儒生，屡屡阻挠朕的大计。若再胡言，当以军法处置！
皇上三思啊！
住手！
这次兴师动众，规模不小，动而无成，怎么向后人交代？
如果就这样班师回去，我大魏的颜面何在？
这……
啊？！
若不南征，那就把京都迁到洛阳这里，诸位王公大臣以为如何？

成大功者不谋于众：出于《商君书·更法》中晋国大夫郭偃的改革言论，“夫论至德者不和于俗，成大功者不谋于众”，意思是讲求道德的人不会受世俗的限制，成就大业的人不必与众人商议。

臣等愿意迁都！
皇上万岁！
皇上，如今虽迁都成功，但新迁之民多数不会说汉语，习俗也与中原人不同。
这样恐怕会有碍各族交流，影响大魏的发展。
嗯，朕也正为此困扰。
好热的天哪。
平城比这儿凉快多了。
皇、皇上，这是要……
鲜卑旧俗，实不利于本朝发展，所以，朕决定从今日起推行汉化。

嵩高：五岳之一的嵩山，位于今河南省登封市西北。

居然没有一点悔改之心！再打三十大板！
你这个逆子，动不动就乱杀人，还能当太子吗？
朕决定废掉皇子恂的太子之位！
太子此次犯错，实属臣等教导无方！
你们请罪是出于私情，而朕所议论的是国事。“大义灭亲”，古人所贵。
今太子恂想违父叛逃，犯了不可饶恕之罪！

愚人妄语

孝文帝，可以说是亘古一人。首先是他的气魄。在那个安土重迁的年代，又面对那么多抱残守缺的遗老遗少，毅然决然地迁都洛阳，这需要何等的勇气。其次是他的卓越见识。你想想，都是迁了，要如何与汉民族相处呢？他的过人之处是不以自己的民族为中心。在他看来，无论是汉民族的政治文化还是风俗礼仪，比起自己民族来，确确实实高出一筹，于是，他毫不犹豫地推行汉化。在他的领导下，迁都后的北魏王朝无论是政治还是经济，都呈现了一派繁华的景象。

谈天说地

云冈石窟

云冈石窟位于中国山西省大同市西郊十七千米处的武周山南麓，石窟依山开凿，东西绵延一千米。云冈石窟现存有主要洞窟四十五个，大小窟龛二百五十二个，石雕像五万一千余具，为中国规模最大的古代石窟群之一，与敦煌莫高窟、洛阳龙门石窟和天水麦积山石窟并称为中国四大石窟艺术宝库。

云冈石窟佛教艺术按石窟形状、造像内容和样式的发展，可分为早期、中期、晚期三个阶段。

早期石窟，即今第十六至二十窟，也叫昙曜五窟。昙曜，北魏僧人，据史料记载，这五个石窟，是他亲自开凿的。昙曜五窟主要造像为三世佛，佛像高大，面相丰圆，高鼻深目，双肩齐挺，显示出一种劲健、浑厚、质朴的造像风格。

中期石窟，是云冈石窟雕凿的鼎盛阶段的石窟，主要有第一、二、五、六、七、八、九、十、十一、十二、十三窟以及未完工的第三窟。这一时期（公元471年—公元494年），是北魏迁都洛阳以前的孝文时期，也是北魏最稳定、最兴盛的时期。云冈石窟的兴建集中了当时全国的优秀人才，雕凿出了许许多多繁华精美的云冈石窟大窟大像。中期石窟平面多呈方形或长方形，壁面布局为上下两层，窟顶多有井口天花。造像题材内容多样化，主要突出了释迦、弥勒佛的地位。佛像面相丰圆适中，着装褒衣博带，造型侧重于护法形象和各种装饰。中期石窟的雕塑，注入了更多的改革创新元素，掀起了佛教石窟艺术中国化的过程，从洞窟形制到雕刻内容和风格均有明显的汉化特征。

晚期石窟，北魏迁都洛阳后（公元494年），云冈石窟大规模的开凿活动虽然停止了，但凿窟造像之风在中下层阶层开始蔓延起来，他们利用平城旧有的技艺在云冈开凿了大量的中小型洞窟，这种小窟小龛的雕凿一直延续到孝明帝正光五年（公元524年）。

图书在版编目（CIP）数据

纷争动荡南北朝 / 沈山明，李冰编 .—南昌：江西高校出版社，2017.3
（历史画中话）
ISBN 978-7-5493-5211-1

Ⅰ . ①纷… Ⅱ . ①沈… Ⅲ . ①中国历史—南北朝时代—青少年读物 Ⅳ . ① K239.09

中国版本图书馆 CIP 数据核字（2017）第 054559 号

责任编辑　刘建梅
装帧设计　小龙工作室

出版发行	江西高校出版社
社　　址	江西省南昌市洪都北大道 96 号
编辑电话	（0791）88511517
销售电话	（0791）88170198
网　　址	www.juacp.com
印　　刷	唐山新苑印务有限公司
经　　销	全国新华书店
开　　本	787mm × 1092mm　1/16
印　　张	6
字　　数	60 千字
版　　次	2017 年 3 月第 1 版
	2017 年 3 月第 1 次印刷
书　　号	ISBN 978-7-5493-5211-1
定　　价	25.00 元

赣版权登字 -07-2017-257